Couverture inférieure manquante

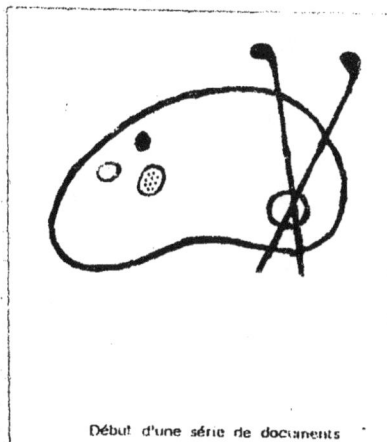

Début d'une série de documents en couleur

Louis Duval

PAPETERIES & IMPRIMERIES

DU DÉPARTEMENT DE LA CREUSE

1519-1898

GUÉRET
Imprimerie P. Amiault, Place d'Armes

1898

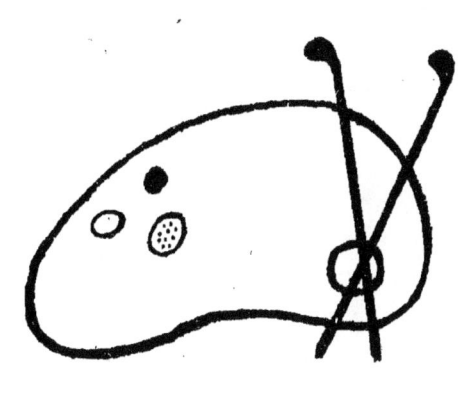

Fin d'une série de documents en couleur

A. M. Léopold Delisle
Hommage respectueux
Louis Duvau

Louis Duval

PAPETERIES & IMPRIMERIES

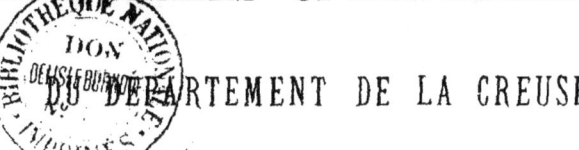

DU DÉPARTEMENT DE LA CREUSE

1519-1898

Extrait des *Mémoires de la Société des Sciences Naturelles et Archéologiques de la Creuse*
Deuxième Série, Tome VI (32ᵉ de la Collection).

GUÉRET
IMPRIMERIE P. AMIAULT, PLACE D'ARMES

1898

PAPETERIES ET IMPRIMERIES
DE LA CREUSE

L'industrie du papier, qui a nécessairement précédé l'art typographique, paraît s'être fixée à Bourganeuf dès le commencement du XVI° siècle. Il ne serait même pas impossible qu'elle eût été directement apportée d'Orient, par les chevaliers de Saint-Jean de Jérusalem, qui avaient à Bourganeuf le chef-lieu de leur grand-prieuré d'Auvergne. Mais ceci n'est qu'une conjecture. Ce qui est certain, c'est que de bonne heure on songea à utiliser la force motrice qu'offre à l'industrie le ruisseau de la Mourne qui, sortant de l'étang de Faux, se jette dans le Thaurion au-delà de Bourganeuf, près du village de Montalescot. « La pente rapide du ruisseau de Faux, dit l'auteur d'une Statistique du département de la Creuse rédigée au commencement du siècle, la facilité avec laquelle on peut élever ses eaux sur les deux monticules qui s'inclinent sur ses bords, avaient engagé autrefois les habitants de Bourganeuf à se livrer à la fabrication du papier. »

I

L'examen des Terriers de la commanderie de Bourganeuf nous permet de compléter cette indication trop sommaire. Voici en effet ce qu'on lit dans le Terrier de la commanderie fait en 1543 :

« Personnellement estably Pierre Verrier dict Lymotin, papetier de Bourganeuf, lequel de son bon gré et volonté a baillé par déclaration ce qu'il tient en la ville et franchise de Bourganeuf, comme s'en suit :

« C'est la déclaration que mect et baille par devers nous révérend seigneur frere Emery des Ruyaulx, chevalier de l'ordre de Saint Jehan de Jherusalem, grand prieur d'Auvergne et seigneur commandeur de Bourganeuf, Pierre Verrier dict Lymolin. Et premièrement tient et possède le dict declarant une maison estagière située en la rue du Puy, appelée de Chambaraud etc. Plus ung molin à papier appelé du Tang et jardin derrière, situé au Chasteaumerle, tenant ez appartenances du molin de Loys Lebert et au pré de Jehan Fourest, la Mourne entre deulx ; et pour raison d'icelluy vous debvoir chascun an, de rente, deux mains de papier fin... Faict et passé à Bourganeuf, le xxvi° jour d'avril l'an mil V° XLIII. »

« Le même jour, Jehan Perier, « papetier de Bourganeuf », déclare tenir de révérend seigneur frere Emery des Ruyaulx, chevalier de l'ordre de Sainct Jehan de Jherusalem, grand prieur d'Auvergne, seigneur et commandeur de Bourganeuf, premierement une maison et molin à papier contenant deux bathens, avec un jardin contenant environ demy coppe de terre, lequel il tient à rente perpétuelle des presbtres de la communauté de Bourganeuf, tenant aux champs communs de Bourganeuf, d'une part, au chemyn tendent de Bourganeuf ez Gouttes, d'aultre, et au pré de Jehan Fourest, le ruysseau descendent de Faulx entre deulx ; et pour raison des dits batans debvoir chascun an, de rente foncière, quatre mains de papier, qu'est par chascun batan deux mains ; et pour les dicts maison et jardin six deniers tournois, tant de rente que droict de dixme dudict jardin. Plus une maison où il y a certains estandours tenant à la maison susdite, le chemyn entre deulx, d'une part, et ez champs communs d'aultre. Et à cause de ce doit chascun an six deniers payables les dicts argent et papier à Noel, chascun an, commençant au prochain.

A la même date se trouve la déclaration de Loys Lebert, « papetier de Bourganeuf, » qui reconnaît qu'il tient du grand prieur d'Auvergne, à cause de la commanderie de Bourganeuf :

« Premièrement une maison estagière et une grange auprès de ladicte maison, avecque ung jardin contigu à icelle, contenant environ une emynée de terre, située en Chasteaumerle, tenant au chemyn que l'on va de la Ruelh en Chasteaumerle, d'une part, à la terre de Jehan Fourest que fut en vigne, d'aultre, et le molin à papier dudict confessant. Et pour raison de ce, devoir douze deniers de cens et rente. Plus tient ung molin à papier qui fut de Gerbaud, avecque ung préau et certains batens et édiffices et ledict pradeau tenant au jardin dudit Lebert dessus confronté d'une part, le preau de M. Gabriel Trompodon des Goustes d'autre et au pré de Jehan Fourest, pelletier (1). Et pour icelluy devoir, chascun an, quatre mains de papier fin, qu'est par chascun baten deux mains, payable chascun an par ledict Lebert audict seigneur present et acceptant, à chascune feste de Noel, commençant à la prochaine. »

Enfin, à la date du 18 mai 1543, se trouve la déclaration de Jehan Chasaud, « papetier », et de Janmet Pommyer, son gendre, comme propriétaires d'une maison sise en la rue du Puy.

Dans le Terrier de 1649, fait par ordre de Philippe des Gouttes, grand prieur d'Auvergne, commandeur des commanderies de Bourganeuf, de Belle-Chassaigne et de Bugnetz, on trouve les déclarations de Jammes Masburet, « maistre pappetier, demeurant aux moulins à pappier, » de Martial Havre « pappetier », et celle de Pierre Petit dit Picquot, « pappetier ». Il est également fait mention du « mollin à pappier de M. Pierre Fourest » dans la déclaration de Julien Gingarceau, mallier, c'est-à-dire foulon à draps.

En 1671, Jean de Foursat, chevalier de l'ordre de Saint-Jean de Jérusalem, grand prieur d'Auvergne, commandeur, chef du grand prieuré, et seigneur des commanderies de Bellechaissaigne et Charrières, représenté par Alexandre de Roussaingt de Pusignan, chevalier et procureur général de l'ordre, commandeur des commanderies de Sainte-Anne et la Racherie, son lieutenant et vicaire général, fit renouveler le terrier de Bourganeuf. On y trouve la

---

(1) La déclaration de Jean Fourest fait mention d'un chemin conduisant de « l'esglise de la Rialh à la Croix et au molin à papier » mis en mouvement par la rivière « appelée la Mourne qui vient de l'étang de Faulx. »
La chapelle de l'Arrial ou de Larrié, qui donne son nom à une rue de Bourganeuf, était dédiée à Saint-Jean-Baptiste. Elle paraît remonter au XIIIe et peut-être au XIIe siècle.

déclaration d'André Laurens qui « confesse tenir, dans les appartenances de Chasteaumerle, le moulin à papier autrefois appelé d'Hisope, consistant en maison, chambres, grange, estandoirs, prés bois, taillis, excluze, dans laquelle il y a trois ou quatre navagers, avec droict de prendre l'eaue qui dessand de l'estang de Faux, pour faire aller ledict moulin à papier au milieu le pastural dudict Trompaudon et icelle conduire le long de la dicte levée et escluze jusques au dict moulin ; contenant trois journaux, lesdicts deux jardins trois esminées terre et ledict bois taillis deux septerées, cy devant recognus par les héritiers de feu M⁰ Pierre Fourest ; confrontant du levant au pastural de M⁰ Pierre Trompaudon, sieur de la Vallette, du midy, aux champs communs de Faux, du couchant au bois taillis des hoirs feu Pierre Trompaudon et du septentrion aux communaux de la pressente ville, le ruisseau entre deux. Pour raison duquel moulin et ses deppendances, confesse debvoir de cens, rente foncière et directe, argent, douze deniers et deux mains de papier. »

Le même terrier contient la déclaration de Léonard Mourellieras, maître papetier, demeurant au moulin de Châteaumerle, et celle de Jammes et de Joseph Mosbareta frères, maîtres papetiers, demeurant l'un aux moulins à papier, l'autre dans l'enceinte de la ville.

Depuis cette époque jusqu'au commencement de notre siècle, la famille Mourellieras resta à la tête de la papeterie établie au moulin d'Hisope (1). Au reste, d'après l'auteur de la Statistique du département de la Creuse rédigée vers 1806, il paraîtrait que « plusieurs papeteries qui subsistaient, les unes à la suite des autres, » auraient

---

(1) A côté des entraves résultant d'une réglementation excessive de la fabrication, l'arrêt du Conseil d'Etat de 1730 établissait, en faveur des papetiers de la généralité de Limoges, des droits protecteurs et des privilèges qui devaient avoir pour effet de contribuer à fixer cette industrie dans les mêmes localités et dans les mêmes familles. Les articles XIV, XV et XVI accordent aux fabricants le droit d'élire les gardes-jurés-visiteurs, l'exemption, pour eux-mêmes, pour un de leurs fils travaillant dans la fabrique et pour un premier ouvrier « de la collecte des tailles, du logement des gens de guerre et de la milice, le privilège d'être cotisés d'office pour la taille par l'intendant, suivant les états remis tous les ans par les gardes-jurés-visiteurs, sans que ces cotés d'office pussent être augmentées par les collecteurs. Les fabricants ne pouvaient prendre d'étrangers pour apprentis qu'à défaut de fils de compagnons. »

été détruites de fond en comble, par suite de l'éboulement de la chaussée de l'étang de Faux qui retenait les eaux dont s'alimentait le ruisseau de la Mourne.

En 1701, Paul de Féllines de la Renaudie, chevalier de l'ordre de Saint-Jean de Jérusalem, grand prieur d'Auvergne, commandeur de Bourganeuf, Monchamps et Bellechassaigne, représenté par Henry de Mealet de Fargues, commandeur de La Vaufranche, fit à son tour renouveler son terrier. Anne Foucaud, veuve d'André Laurens, lieutenant en l'élection de Bourganeuf, tutrice de ses enfants, y fit une déclaration conçue dans les mêmes termes que celle de 1671. Parmi les déclarants figurent Jean et Etienne Maurellieras, maîtres papetiers.

De 1728 à 1737, la propriété du moulin d'Hisoppe passa successivement entre les mains de Joseph Laurens, président de l'Election, et de François Laurens, sieur d'Arfeuille, également président en l'Election, lesquels, à ces deux dates, firent des déclarations semblables à celles de 1671 et de 1701. Le Terrier de 1728 fut fait par ordre de Léonard-François de Saint-Mauris, grand'croix de l'ordre Saint-Jean de Jérusalem, grand prieur d'Auvergne, commandeur de Bourganeuf, Bellechassaigne et Charrières ; le Terrier de 1757 fut fait par ordre d'Amable de Thianges, bailli, grand'croix de l'ordre de Saint-Jean de Jérusalem, commandeur de Villefranche-sur-Cher, Salles, Monsigny, grand prieur d'Auvergne, seigneur temporel et spirituel de la commanderie de Bourganeuf.

L'arrêt du Conseil d'Etat du 12 décembre 1730, relatif aux papeteries de la généralité de Limoges, contient un article qui s'applique à la fabrique de Bourganeuf (1).

« Art. IX. Et attendu que l'eau des ruisseaux où sont situés les moulins de la Ménagère à Aixe, celui de Laurière et celui du sieur Maureillieras ne sont pas propres à faire du papier fin, défend Sa Majesté à tous les maîtres des moulins et tous ceux qui pourraient

(1) Le tarif annexé à l'arrêt du Conseil d'Etat de 1730 porte que dans l'élection de Limoges la feuille *grande fleur de lis fine* aura 31 pouces, la *petite-fleur de lis fine* 23 pouces trois-quarts, etc.

tenir des moulins à l'avenir sur ces ruisseaux d'y faire d'autres papiers, dans toutes les sortes, que du moyen et du bulle. »

Il résulte de cet article qu'il n'était permis de fabriquer à Bourganeuf que du papier de qualité commune. D'après l'état des fabriques du département en l'an VI, cette papeterie produisait, au moment de la Révolution, six mille rames de papier d'impression par an.

On voit par une lettre du procureur-syndic du district de Bourganeuf, adressée au procureur général du département, le 3 messidor an III, qu'à cette époque le citoyen Morellieras était le seul fabricant de papier du district. Cette lettre était relative à l'exécution d'un arrêté du Comité de sûreté générale, en date du 20 prairial an III, ordonnant aux fabricants de papier de faire disparaître de leurs formes les filigranes représentant des fleurs de lis ou des emblèmes de la royauté. Il paraît, d'après cette lettre, que quinze mois auparavant environ, le citoyen Morellieras s'était conformé à un autre arrêté du Comité de Salut public relatif à la suppression de ces mêmes signes.

En l'an VI, d'après l'état des fabriques du département, la papeterie de Bourganeuf ne produisait plus par an que deux mille rames de papier d'impression. « Deux causes, dit l'auteur de cet état des fabriques, ont contribué à cette diminution. La première c'est que l'on consomme moins de papier d'impression en ce moment qu'au commencement de la Révolution, époque à laquelle toutes les lois s'imprimaient dans les départements. La deuxième dérive de ce que le propriétaire de cet établissement, malgré qu'il soit très solvable, a perdu presque la totalité de ses avances, par l'effet d'une réquisition de 1,200 rames qui lui fut faite et dont le remboursement ne lui a été fait que dans le temps où le papier-monnaie n'avait presque plus cours. » On estimait que, pour rétablir cette papeterie, il eût été nécessaire de construire un second moulin et de réparer celui qui était en exercice, dépense évaluée à 6,000 livres. On demandait que le gouvernement avançât cette somme en prenant en payement une quantité de papier convenue.

L'auteur de la Statistique du département de la Creuse, rédigée vers 1806, assure que la papeterie de Moreilieras fabriquait alors, à elle seule, plus que celles de Felletin et de Saint-Quentin. Il existe actuellement deux fabriques de papier à Bourganeuf.

II

L'industrie du papier fut introduite à Felletin, au commencement de la Révolution, par Pierre-Joseph de Myomandre dit Saint-Pardoux, conseiller au grand-conseil. Il était assez rare autrefois de voir un magistrat, un membre de la noblesse, se mettre à la tête d'une entreprise industrielle, en dépit des préjugés de caste et de robe ; mais en 1789 ces préjugés avaient perdu leur empire. D'ailleurs, M. de Myomandre trouvait dans sa propre famille des traditions qui avaient pu contribuer à développer chez lui le goût des arts mécaniques. En compulsant ses archives domestiques, le conseiller au grand-conseil avait pu lire l'inventaire curieux des livres et des instruments scientifiques que fit dresser en 1641 Pierre de Myomandre, « escuyer, sieur de Laubart, estant commandé de partir pour le service du Roy, incertain de retour », et à la suite duquel se trouve son testament (1).

« Premièrement, dans la tour du Chandelier, un chandelier de salle, de boys, faict au tour et douze flambeaux. Dans le cabinet, un horologe garny. Dans la chambre du milieu, quatre tableaux de détrempe attachés à la muraille et un autre sur un des chalitz représentant la victoire de David sur Goliat. Dans le cabinet un alambicq de rosette (2) à faire eau-de-vie ; un coffre de menuiserie, et nota qu'il y ha un secret à ouvrir par le fondz de la petite layette, dans lequel sont mes lettres d'annoblissement et meilheures obligations.

« Dans l'autre chambre, les cinq tomes du Monde entier, un

(1) On voit par ce testament que Pierre de Myomandre avait un frère, le sieur Guymond, absent du royaume depuis le mois de juin 1628, qu'il charge de l'éducation de ses enfants, au cas où il reviendrait de son voyage « comme Dieu sçait, dit-il, que j'ay toujours souhaité. » — *Inventaire sommaire des Archives de la Creuse*, E. 663, p. 130.

(2) Rosette, espèce de cuivre.

tome in-folio de plusieurs plans de villes et sièges que j'ay faict relier ensemble, un Matthiolle, la Bible, l'Histoire de France en deux tomes, l'Histoire du Conscile de Trente, la Perspective curieuse, les Voyages de Champlain en Canada, une lampe curieuse, faite en globe et autres livres à conserver soigneusement. Plus un vieux bahu dans lequel sont plusieurs livres d'humanités pour l'instruction de mes enfants. Plus quatre petits tableaux en huille, sans quadre. Plus autres quatre tableaux en détrempe, aussy sans quadre.

« Un paire de presses de bois.

« Deux garde-robes ayant chascun quatre armoires, fermant à clef, dans l'un desquelz sont mes livres de mathématiques, scavoir Atlas major, six tomes du Théâtre des Villes, les Mécaniques de Guide Ubalde, les Fortifications d'Erard, l'Architecture de l'Orme, les Trente Bastiments de du Cerceau, les Plans, l'Abrégé des Arts libéraux, les Antiquités romaines, les Machines de Besson, les Ephémérides de Maginus, l'Académie de Pluvinel, la Perspective de Caux, la Géométrie et Perspective de Marolais, la Gnomonique de Bassan, et plusieurs autres rares et curieux.

« Comme aussy, dans une autre armoire dudit garderobe, sont mes globes, la sphère, la bussole, l'astrolabe, un grand compas à diviser lignes et circonférences, un miroir ardent, concave, un connexe de verre, un instrument à divers usages, de léthon, avec son genouill ; et dans un petit sac de parchemin, quarente médailles de rozette antiques et deux d'argent ; deux cadrans curieux ; un moulle à faire balles de plusieurs calibres, fort bon, avec ses tenailles, une lanterne sourde de fer blanc, un moulin à poudre de fer, un moulle de fusées, deux petits chandelliers de cabinet, un triangle de verre. Et dans une armoire sont encor plusieurs livres d'histoire, italiens, espagnols, français et latins, avec des manuscriptz ; quelques tailles douces et les plans d'Amsterdam, Nuremberg, Constantinople et Prague, sur de la toile et enluminées, le tout à conserver.

« Dans mon cabinet, une banque fermant à trois serrures dans laquelle sont quelques papiers de nostre maison, et deux petites poulyes de fonte. Et de l'autre, un extrait de la despense que j'ay faict pendant ma charge, et toutes les pièces justificatives d'icelle.

« Plus un calice d'argent, avec sa patene.

« Plus deux tableaux en table de marbre, avec leur quadre, en façon d'ébène.

« Plus un grand miroir, avec son quadre doré.

« Plus des balances, façon d'Angleterre.

« Plus un marc garny et un trebuchet, aussi garny.

« Plus, dans le grenier de la tour, huict lards entiers, deux bœufs sallés et trente jambons.

« Dans la salle haute... un tapis faict à lesguille, de laine, façon de tapisserie... Plus un collier de perles de conte (1) et deux pendantz d'oreille d'or, esmaillés et garnis de diamantz, de la valeur de neuf vingts livres et quelques bagues. »

Il suffit de parcourir quelques-uns des articles de cet inventaire, pour comprendre que l'homme qui, à une époque où les sciences mathématiques étaient encore dans l'enfance, avait apporté jusqu'au fond de la Marche une pareille collection de livres et d'instruments de physique et d'astronomie, était un personnage remarquable. A ce point de vue cet inventaire offre un véritable intérêt. Il est évident qu'il suffit que quelques uns de ces instruments ou de ces précieux livres soient tombés, par hasard, sous la main du jeune conseiller son petit fils, pour éveiller en lui le goût des sciences et des arts mécaniques.

A peine la papeterie qu'il avait construite à Felletin, sur un terrain qui lui appartenait, était-elle en activité que M. de Myomandre partit inopinément pour l'émigration, dans le cours de l'année 1792, laissant la direction de la fabrique à M. Leclerc, ingénieur du département, qui avait été chargé de la construction, et à Claude Combescure, papetier, contre-maître. M. de Myomandre, qui, comme beaucoup d'émigrés, comptait sans doute ne faire une absence que de quelques mois, ne devait rentrer en France que sous le Consulat. Nous ignorons les

(1) Perles de compte, c'est-à-dire assez grosses pour être comptées.

motifs qui l'avaient déterminé à prendre cette grave résolution. Peut-être les liens de parenté qui l'unissaient à François-Aimé de Myomandre de Sainte-Marie, garde du corps du roi (1), qui se dévoua courageusement pour sauver la vie de la reine lors de l'envahissement du palais de Versailles, dans les journées des 5 et 6 octobre, contribuèrent-ils à lui faire prendre ce parti. Peut-être obéit-il à d'autres mobiles (2).

Quoiqu'il en soit, dans sa séance du 2 décembre 1792, le Directoire du district de Felletin, informé que la municipalité avait omis (peut-être à dessein) de comprendre dans la liste des biens des émigrés envoyée au Directoire du département, la papeterie de Pierre-Joseph Myomandre, émigré, et qu'il était nécessaire de prendre des mesures pour la conservation des papiers et des meubles qui s'y trouvaient, commit les citoyens Bayle et Courcellas, administrateurs, à l'effet de se transporter sur le champ à la fabrique de papier pour faire l'inventaire du mobilier. Nous relevons dans cet inventaire les articles suivants : dans l'étendoir d'en bas deux pressoirs en bois, neuf quintaux de chiffons ; trois rames en page de papier emballé, collé et non collé ; huit rames en page de *grand raisin*, tendu et non collé, neuf rames en page de *couronne fin*, tendu et non collé ; neuf rames de *petit-raisin fin*, tendu ou prêt à tendre ; trois quintaux de *maculature* servant à l'emballage, cinq paires de moules, avec les couvertures ou cadres à faire le papier, dont un appelé le *grand raisin*, à toile double, le second le *petit-raisin*, à toile double ; le troisième l'*écu*, à toile simple, le quatrième la *couronne*, à toile simple, le cinquième le *quartier*, à toile simple, destiné à faire les

(1) V. la Procédure criminelle instruite au Châtelet de Paris, t. I, p. 38-42.

(2) M. de Myomandre de Saint-Pardoux, conseiller au Grand Conseil, est probablement le même personnage que le lieutenant-colonel de la garde nationale de Felletin du même nom. On sait qu'avec M. Bandy de Nalèche il ne craignit pas de se mettre à la tête d'un attroupement d'individus qui, le 18 novembre 1789, vinrent sommer le bureau des subsistance de livrer du blé au-dessous de la taxe. — V. *Cahiers de la Marche*. Introduction, p. 129.

Jacques de Myomandre, frère de Pierre-Joseph Myomandre, remplit pendant la Révolution les fonctions de secrétaire de la Société des amis de la Constitution dont Joseph Cornudet fut le premier président.

cartes. Dans le pourrissoir, un tas de drapeaux pourris, d'environ six pieds de longueur et de largeur sur deux pieds de hauteur destinés à faire des papiers *bulle* et moyen. Dans les deux moulins, onze piles dont dix ferrées.

Claude Combescure déclara qu'il était à la fabrique depuis quatre à cinq mois pour donner des renseignements aux ouvriers dans la construction, mais qu'il n'était chargé de l'administration que depuis environ un mois que la papeterie commençait à être en état de travailler, bien qu'il manquât encore plusieurs fournitures et ustensiles nécessaires, notamment trois chaudières en cuivre, de la colle, de l'alun, 12 pièces d'étoffe au grand large, propres à recevoir le papier, chacun d'environ 40 aunes. Il déclara aussi qu'il ne s'était immiscé dans l'administration de cette fabrique qu'en conséquence des conventions faites entre lui et le citoyen Leclerc, préposé par Pierre-Joseph de Myomandre, émigré, à la direction et construction de la papeterie, lequel avait enlevé environ 12 quintaux de papier de maculature.

Le Directoire du district de Felletin, sentant tout l'intérêt que présentait, pour la contrée, l'établissement de cette papeterie, proposait de la faire ériger en manufacture nationale. Ce projet ne put recevoir d'exécution ; et Claude Combescure ne resta même pas à la tête de la fabrique qui, le 22 février 1793, fut affermée, pour le prix de 600 livres, à Joseph Monlaur. Celui-ci la sousbailla, le 1er mai suivant, au citoyen Saint-Julien qui, le 26 juillet, obtint du Directoire du district un arrêté ordonnant que des réparations urgentes seraient faites à l'écluse servant à faire marcher l'usine.

Le 1er nivose an II, Joseph Combescure, habitant de Felletin, avait fait au District une soumission pour acquérir cette papeterie, estimée seulement 10,560 fr., mais qui fut adjugée au prix de 21,500 fr. à Léonard-Alexis Tixier, de Felletin, à la date du 22 germinal an II.

En l'an VI, la production de cette papeterie était évaluée à 2,500 rames, au prix de 4 et 8 livres.

Rentré en France M. de Myomandre s'empressa de racheter la fabrique qu'il avait fondée et que le sieur Tixier avait, dit-on, laissé tomber peu à peu. Après s'être associé à M. Ruyneau de Saint-

Georges fils, Il la fit monter à double cylindre et à deux tournants maillets, pour la trituration des chiffons, dont l'appareil fut exécuté et placé par les habiles mécaniciens qui avaient monté ceux des plus célèbres papeteries de France, notamment celles de Montargis, Essone, Courtalin, Buges, etc. Deux ans après, la fabrique était montée à trois cuves qui, dans une année, avaient rendu de cinq à six mille rames de papier préparé. On estimait que la quantité de chiffons employée était de deux cents milliers. Ces papiers étaient estimés pour leur qualité et pour la perfection du collage que l'on attribuait à la qualité des eaux de la Creuse. Le nombre des ouvriers était de 50 à 60 (1).

D'après les renseignements sur les papeteries de l'arrondissement d'Aubusson fournis par le sous-préfet, à la date du 3 janvier 1812, la fabrique occupait alors 42 ouvriers, savoir 6 aux cuves, 20 gouverneurs pour les cylindres, 1 étendeur de presse, 1 apprenti et 1 commis chargé de la direction ; plus 14 ouvriers, savoir : 10 à la salle pour le triage du chiffon et 1 servante de peine. On estimait que les deux cuves en valaient trois, les ouvriers faisant journée et demie, et que chaque cuve pouvait donner par jour, en *grand-Jésus*, 3 rames et demie ; en *grand-raisin*, poids de 20 kilogrammes la rame, 6 rames ; en *carré impression*, poids de 7 kilogrammes et demi, 9 rames ; en *couronne* poids de 7 kilogrammes, 8 rames. Ce papier se vendait à Paris et dans les autres villes de France. D'après la Statistique de 1811, la valeur brute des produits était de 40,000 fr. On employait 140 milliers de chiffons environ, tirés des départements de la Creuse, de l'Indre et de l'Allier et revenant à 16 francs le quintal, plus la conduite. La fabrique contenait 33 maillets ou pilons, plus 3 cylindres à la hollandaise, dont un de relai.

La papeterie de MM. de Myomandre et Ruyneau de Saint-Georges avait à lutter (2) contre la concurrence de deux fabriques rivales

(1) *Statistique de la Creuse.*

(2) Parmi les difficultés contre lesquelles avait à lutter M. de Myomandre, le Préfet de la Creuse dans une lettre au Ministre de l'Intérieur, en date du 9 janvier 1809, signale l'existence d'une association

établies dans le voisinage, sur le territoire de la commune de Saint-Quentin et mises également en mouvement par la rivière de Creuse. La première avait été construite en 1804, par MM. Giron et Trapet ; la seconde au commencement de l'année 1811, par M. Lecomte. La première avait une seule cuve et employait 60 milliers de chiffons ; la seconde n'avait qu'une demie cuve et n'employait que 20 milliers de chiffon.

III

Dès le commencement du XVIe siècle un moulin à papier avait été établi aux environs de Guéret. Le Terrier de Sainte-Feyre, de l'année 1519, contient en effet la déclaration suivante :

« Micheaul George, habitant du molin de la Prade, nommé le molin du papier, filz de Martin le papetier, parroisse de Sainct Affeire... dit, deppousa, recognut et confessa, cognoyt et confesse estre homme franc et de franche condition, aux us et coustumes de la Marche, de Pierre de Saincte-Fere, escuyer, seigneur dudict lieu, et à tenir dudict escuyer et de ses hoirs et successeurs en fondalité et directe seigneurie, à tiltre d'emphitéose et d'hommage, c'est assavoir ledict molin de la Prade, nommé le molin du papier de la Prade, avec ses escluses, cours d'eau et apartenances, situé en la paroisse de Sainct-Affeire près le village de las Peyras. Et à cause

particulière formée entre les ouvriers papetiers, fondée sur des usages anciens et tellement organisée qu'ils étaient à même de faire complètement la loi aux patrons. Lorsqu'un atelier était frappé de *damnation*, il était impossible au chef de l'établissement de trouver un ouvrier et la ruine de cette fabrique était certaine. Le règlement du 29 janvier 1739 (art. 48) avait pour objet de réprimer les abus auxquels les associations pouvaient donner lieu. Le Préfet insistait pour que ce règlement et les lois des 14-17 juin 1791, 2-23 nivôse an II, relatives au compagnonnage et aux coalitions fussent strictement exécutés. Dans une lettre au maire de Felletin en date du 9 février 1809, le Préfet signale l'usage où étaient les ouvriers de la manufacture de M. de Myomandre de faire payer aux apprentis ou compagnons des *rentes* ou *dinages*, des *bienvenus*, des délibérations entre ouvriers ayant pour objet de censurer leurs camarades, etc. — Voir à ce sujet: *Associations et Grèves des Ouvriers papetiers en France*, aux XVIIe et XVIIIe siècle, par C. M. Briquet. Extrait de la *Revue internationale de Sociologie*. V. Giard et E. Brière, 1897 in-8°, 90 fr.

et pour raison d'icelluy molin de la Prade, a ledict Micheaul recognu devoir, estre tenu et paier, d'annuelle et perpétuelle rante, assize sur ledict molin audict escuyer et es siens, la somme de troys livres tournois, et à cause dudict molin luy fere tout aultre service comme chascun meunier et tenancier est tenu feré à son seigneur etc.

« Donné et fait, en la présence d'Anthoine et Léonard Chabreyrons, de Meyrat, tesmoingtz ad ce y appellés, le dixiesme jour de mars, l'an mil cinq cens et dix huys » (1).

C'est à cette simple indication que se réduisent les renseignements que nous possédons sur la seule fabrique de papier qui ait existé aux environs de Guéret.

A une époque plus rapprochée de nous, on avait songé à établir une fabrique de ce genre sur la rivière de la Creuse, au Pont-à-la-Dauge, à 5 kilomètres environ de Guéret, près de la route d'Autun à Limoges. Le 15 octobre 1793, une pétition, dans le but d'obtenir l'autorisation nécessaire, fut présentée au Directoire du district de Guéret, par Joseph-Félix Fauchier, l'un des imprimeurs associés de Guéret, et renvoyée au Directoire du département.

Le 28 du même mois, le Directoire du département prit un arrêté par lequel Planier de Lasablière, ingénieur ordinaire des ponts et chaussées, fut commis avec le citoyen Grand, membre du Directoire, pour faire la visite des lieux et examiner si le glacis que le pétitionnaire se proposait d'établir, 60 toises au-dessus du Pont-à-la-Dauge, ne pourrait pas causer du préjudice au pont ou à la route.

Quelque temps après, Fauchier s'étant associé Le Moyne, Purat, Michellet et Patrigeon, et ayant donné plus d'étendue à son projet, adressa une pétition à la Commission d'Agriculture et des Arts, pour solliciter du gouvernement une avance de 50,000 livres pour établir sur la Creuse une fabrique de papier et de corroierie. Le 16 floréal an II, la Commission à laquelle s'étaient adressés les associés leur répondit que les renseignements qu'elle avait pris auprès des administrateurs du district sur l'utilité de ce projet, sur leurs facultés

(1) *Archives de la Creuse*, série E, famille Mérigot de Sainte-Feyre, p. 487-488 du *Terrier de Sainte-Feyre*.

personnelles et sur leurs sentiments patriotiques leur ayant été assez favorables, et les invita à adresser une soumission dans laquelle ils développeraient tous les avantages qui pourraient résulter, pour la République, de ces établissements.

Les associés s'étant mis pleinement en règle, un rapport favorable sur leur pétition fut adressé par la Commission d'Agriculture et des Arts au Comité de Salut public qui, le 6 messidor an II, prit l'arrêté suivant :

« Le Comité de Salut public, lecture faite du Rapport de la Commission d'Agriculture et des Arts sur la pétition des citoyens Michellet, Patrigeon, Fauchier, Purat et Le Moyne, etc., arrête ce qui suit :

Art. 1er. La Commission d'Agriculture et des Arts est autorisée à faire aux citoyens ci-dessus dénommés, sur les fonds mis à sa disposition, l'avance d'une somme de 50,000 l. sans intérêts.

Art. 2. Le remboursement de la somme sera fait par les dits citoyens, dans le cours de dix années.

Art. 3. Les citoyens Michellet, Patrigeon, Fauchier, Purat et Le Moyne seront et demeurent garants et responsables solidairement l'un pour l'autre et un d'eux seul pour le tout, du remboursement et de la rentrée dans le Trésor national de la totalité de ladite somme de cinquante mille livres.

Art. 4. Le citoyen Isaac Chorlon, maire actuel de la commune de Guéret, qui a signé au procès-verbal de la séance du 23 prairial du District de Guéret, l'engagement de servir aux citoyens sus-nommés de caution conjointe et solidaire, est accepté.

Art. 5. La présente avance est faite par le gouvernement aux citoyens sus-nommés, à la charge expresse que les deux établissements ci-dessus énoncés seront en pleine activité dans une année, à compter du jour de l'avance.

Art. 6. La Commission d'Agriculture et des Arts est chargée de prendre toutes les sommes nécessaires pour assurer l'exécution du présent et de rendre compte au Comité de Salut public de toutes les opérations y relatives.

Signé au registre :

R. Lindet, Carnot, Couthon, Collot d'Herbois, Robespierre, Billaud-Varennes, C. H. Prieur et Barère. »

Les associés s'étaient mis à l'instant à l'œuvre, car on voit par une lettre adressée par la Commission de la marine et des colonies à l'administration du district de Guéret, à la date du 19 messidor, qu'ils avaient acheté, pour la construction de leur usine, 250 arbres lesquels faisaient partie de ceux mis en réquisition pour la Marine par le commissaire du district et dont ils réclamaient la délivrance.

Pour venir en aide à cette entreprise, le Comité d'Agriculture et des Arts de la Convention nationale prit l'arrêté suivant, le 16 vendémiaire an III.

« Le Comité d'Agriculture, après avoir entendu le rapport de la Commission d'agriculture, sur la demande des citoyens Fauchier, Le Moyne et autres entrepreneurs de manufactures de papeterie et tannerie, district de Guéret, arrête :

Art. 1er. La Commission du district de Guéret, pourvoiera, de la manière indiquée par la loi, à la subsistance des ouvriers employés aux dites manufactures.

Art. 2. Le besoin qu'on éprouve des objets fabriqués dans ces genres de manufactures et la prochaine pénurie dont on est menacé exigeant une prompte activité du dit établissement, le Comité renvoie à celui de Salut public pour qu'il accorde promptement la réquisition de deux voitures demandée dans le rapport de la Commission.

Signé Boucher, Sauveur, Roberjot, Roux, Raffron, Léliot, Chamborre, Boudin. »

Comme on le voit, au plus fort de la lutte terrible qu'il avait à soutenir, au milieu des surexcitations qui en étaient la conséquence, le gouvernement révolutionnaire ne perdait pas complètement de vue les intérêts industriels qui sont une des sources de la prospérité et de la grandeur de la France. Les fonds alloués à MM. Fauchier et compagnie permirent de construire, au Pont-à-la Dauge, un bâtiment assez considérable. Dans l'état des fabriques du département de la Creuse en l'an VI, transmis au Ministre de l'intérieur, il est dit que cet établissement promettait un entier succès. Malheureusement c'est à la construction de ce bâtiment que se borna l'entreprise : le projet de création d'une fabrique de papeterie et de tannerie ne fut pas poursuivi (1).

IV

On fait remonter à l'année 1495 la date de l'introduction de l'imprimerie dans la ville de Limoges. A Poitiers, ville savante et siège d'une université célèbre, la première imprimerie fut établie dès 1479. Dans la Marche, comme on peut s'y attendre, il faut descendre à une époque beaucoup moins éloignée de nous pour trouver trace d'un établissement de ce genre. Bien qu'elle n'aient pas une origine ancienne, les imprimeries de la Creuse méritent cependant d'avoir leur histoire et nous allons essayer d'en reconstituer les éléments.

D'après une indication vague, recueillie par M. Bosvieux, ancien archiviste de la Creuse, un marchand libraire se serait établi à Felletin dès le XVIe siècle et un certain nombre d'exemplaires de la *Coutume de la Marche*, publiés avec les commentaires de Nicolas Callé (*Commentarii in leges Marchiæ municipales*, Nicolao Garactensi, J. C. auctore, Parisiis, Pet. L'Huillier 1573, in-4°), portaient sur leur titre le nom d'un libraire de Felletin. Felletin était à cette époque la ville la plus importante de la Marche et, dès 1589, un collège y fut établi. Malheureusement il nous est impossible d'accepter cette indication autrement que sous bénéfice d'inventaire.

---

(1) On avait essayé également, dans le cours de l'an V, d'établir à Guéret, une fabrique de faïence. Le défaut de ressources de l'entrepreneur empêcha cette fabrique de prendre le développement dont elle paraissait susceptible en raison de la bonté de la terre argileuse qu'on trouve dans les environs de Guéret, de la facilité de se procurer le bois nécessaire à la cuisson et de l'absence de toute fabrique de ce genre dans le département.

La première publication que nous puissions revendiquer, sinon comme sortie d'une presse marchoise, du moins comme éditée à Guéret, est l'*Office de saint Pardoux*, imprimé en 1635 et dont voici le texte complet :

L'Office de S. Pardoux, abbé et confesseur. Ledit office tiré, compilé et rédigé selon et suivant aucuns anciens livres concernant seulement iceluy Office ; avec les Litanies dudit saint, par Pardoux Aubaysle le jeune. — Ils se vendent à Guéret, à la boutique de Pardoux Aubaysle, marchant (s. l. n. d.), in-16, de 120 p.

On ne connaît qu'un seul exemplaire de cet ouvrage, ayant appartenu à M. Dugenest, ancien imprimeur à Guéret. L'approbation et le permis d'imprimer, signés par le curé, le promoteur de l'officialité et les prêtres de Guéret, est du 11 avril 1635. M. Coudert de Lavillatte, dans sa préface de la *Vie de saint Pardoux*, en a conclu que ce volume fut imprimé à Guéret en 1635. Joullieton, au contraire, affirme que cet office fut imprimé à Lyon en 1636. Nous ignorons sur quel fondement s'est appuyé l'auteur de l'Histoire de la Marche pour émettre cette opinion. Il paraît probable que l'*Office de saint Pardoux* n'a pas été imprimé à Guéret. Ce qui l'indique, c'est que les noms des prêtres qui ont signé le permis d'imprimer ont été complètement défigurés par les compositeurs ; ce qui n'eût pas eu lieu si l'impression eût été faite sous les yeux de l'éditeur et si l'imprimeur lui-même n'eût pas été étranger à Guéret.

Dans le livre des rentes de blé dues à la communauté des prêtres de Guéret, en 1631, on voit figurer, sous le n° 73, « la maison feu Pardoux Aubaisle dit Carollus, appartenant à Anthoine Desardilliers dict Dardellet. » Il est évident que ce personnage ne peut être l'éditeur de l'*Office de S. Pardoux*, puisque ce livre ne fut publié qu'en 1635 ou 1636. Mais on peut se demander si l'auteur lui-même, « Pardoux Aubaysle le jeune » ne fait qu'un avec l'éditeur « Pardoux Aubaysle, marchant. » L'affirmative paraît assez vraisemblable. Dans le rôle de la somme de 245 livres imposée par ordre de l'intendant de la généralité de Moulins sur tous les habitants de Guéret, pour le payement de la communauté des prêtres de cette ville, en 1688, on voit figurer « Pardoux Aubaisle. marchant, » taxé à xii sols (1). L'époque de sa mort nous est inconnue et l'on ignore également s'il fit imprimer d'autres livres.

D'après M. Dosvieux, le premier ouvrage sorti des presses guérétoises serait la *Vie et Miracles de Saint Pardoux*, imprimé par Sorin, en 1716. Or en faisant le triage des documents provenant du greffe du tribunal civil de Guéret réintégrés dans le fonds de la sénéchaussée de la Marche, nous avons eu la bonne fortune de découvrir une pièce qui permet de faire remonter à quelques années plus haut la date de l'introduction de l'imprimerie à Guéret. Cette pièce est un *Arrest de la Cour du Parlement portant Règlement pour le payement des rentes dûes en grains, pour l'année mil sept cent douze.* A Guéret, chez Laurens Revers, marchand libraire, imprimeur du Roy, de la Ville et du Collège (4 pages, demie feuille in-4°, 21 centimètres et demi de hauteur sur 16 et demi de large). Cette pièce ne porte pas de date, mais elle paraît avoir été imprimée en 1713, car c'est le 30 janvier 1713 que fut rendu cet Arrêt, dont la publication dut avoir lieu immédiatement. Au bas de cet imprimé, se trouve une attestation de M. Couturier de Fournoüe, procureur du Roi de la Marche, ainsi conçue : « Il est ainsy à l'original dudit Arrest qui est entre mes mains. »

A la date du 24 juin 1716, Joseph Cousturier de la Prugne, juge de police à Guéret, obtint de l'évêque de Limoges l'approbation d'une *Vie de saint Pardoux* qu'il avait traduite sur le texte latin. Ce livre paraît avoir été imprimé à Guéret, chez Sorin, en 1716, et avoir été réimprimé en 1721, sous le format in-16. On ne possède actuellement aucun exemplaire de cet ouvrage, mais la *Bibliothèque historique* de P. Lelong signale ces deux éditions sous les dates de 1716 et de 1721. Le permis d'imprimer, pour la seconde édition, délivré par le lieutenant général de police au siège présidial de Guéret est du 22 septembre 1721.

On ne connaît pas d'autre ouvrage sorti des presses de Sorin. Cependant, il existe dans une imprimerie de Guéret, l'imprimerie Betoulle, des bois, des vignettes, des fleurons qui semblent appar-

(1) *Archives de la Creuse*, série G., fonds de la Communauté des prêtres de Guéret.

tenir à cette époque, et avoir servi à l'impression d'un livre de piété.

L'imprimerie ne s'est établie à Guéret, d'une manière définitive qu'en 1790. L'établissement fondé à cette époque par MM. Fauchier, Gudin, Gadon et C⁰ doit son origine à l'obligation où, dès le début de la Révolution, se trouvèrent les administrations départementales d'avoir sous la main une presse pour la publication des lois et décrets de l'Assemblée Nationale et pour l'impression de leurs propres arrêtés.

Une imprimerie fut d'abord établie dans la maison Michellet ; elle fut ensuite transportée place Rochefort, dans une maison voisine de celle du docteur Moreau ; puis établie dans la maison Fauchier, Grande-Rue, et enfin fixée rue du Marché. La nouvelle imprimerie prit le titre d'Imprimerie nationale. La première pièce, sortie de ses presses, que nous connaissions est le Procès-verbal de l'Assemblée électorale pour la nomination des membres de l'administration du district de Guéret, tenue à Guéret les 31 mai et 1ᵉʳ juin 1790.

Vers la fin de l'année 1790 (à partir de l'impression de la loi du 14 octobre 1790), l'Imprimerie nationale de Guéret devient l'Imprimerie nationale et du département. A dater de l'impression de la loi du 27 avril 1791, après l'élection de l'évêque de la Creuse, elle prend le titre d'Imprimerie nationale du Département et de l'évêque.

Dans le cours de l'année 1792, l'Imprimerie nationale du département et de l'évêque reprend son premier nom d'Imprimerie nationale, et les lois et arrêtés sortis de ses presses sont datés de l'an quatrième de la Liberté. L'impression de la loi du 25 août 1792 est datée de l'« an 4ᵉ de la Liberté, le 1ᵉʳ de l'Egalité ». Vient ensuite l'ère de la République Française (an I an VIII).

De la fin de 1792 au milieu de l'an XI, le titre d'Imprimerie du département et d'Imprimerie de la Préfecture fut transféré à l'imprimerie Guyes. Vers le milieu de l'an XI, la maison Fauchier et Gadon se trouva, de nouveau, seule chargée de toutes les impressions du département et elle jouit de ce privilège jusqu'en 1807, époque où Pierre Betoulle acheta le fonds de l'imprimerie Guyes.

Fauchier père étant mort en 1813, Olivier Fauchier, son fils, lui succéda et obtint un brevet d'imprimeur en lettres, le 2 septembre 1815. Olivier Fauchier, mourut le 8 février 1817. Le 10 mars suivant, Alphonse Fauchier, son fils, fut pourvu d'un brevet d'imprimeur, et autorisé, par lettre du 12 juillet de la même année, à s'associer à Joseph Dugenest. Le 9 août, un brevet de libraire fut en outre accordé à M. Dugenest, en remplacement de M. Beaugier, démissionnaire. Quelque temps après M. Dugenest s'associa M. Niveau, pour le commerce de la librairie. M. Fauchier ayant cédé à M. Dugenest sa part de fonds de l'imprimerie, celui-ci se fit pourvoir d'un brevet le 26 juin 1826. Le brevet de M. Dugenest a été transmis à M. Frédéric Dugenest, son fils, il y a quelques années.

Une seconde imprimerie avait été fondée à Guéret au commencement de 1791, par François-Guillaume Dareau. Il parait que cette imprimerie fut d'abord installée dans les bâtiments même de la Mairie où siégeaient alors l'Administration du département et celle du district de Guéret. On y a trouvé des caractères d'imprimerie. On en a trouvé également dans la maison de M. Frémonteil qui appartenait précédemment à une demoiselle Dareau.

Dareau prenait le titre d'Imprimeur de la Municipalité. L'extrait des registres de la Municipalité de Guéret, contenant le procès-verbal de la prestation de serment faite par le curé et les vicaires de l'église paroissiale et les prêtres professeurs du Collége de Guéret, 23 janvier 1791, est sorti des presses de « F.-G. Dareau, imprimeur de la Municipalité.

Peu de temps après, Dareau fut autorisé à prendre le titre d' « imprimeur de la Municipalité et de l'Evêché, » comme le porte le discours prononcé par M. F.-B. Voysin, président de l'Assemblée primaire tenue en la ville de Guéret les 21, 22, 23 et 24 juin 1791.

L'imprimerie de Dareau parait avoir cessé d'être en activité dès la fin de 1791.

Vers la fin de 1792 ou au commencement de 1793, M. Guyès, (1)

(1) Guyès (Jean-François), avocat élu en 1790 administrateur du district d'Aubusson, sa ville natale, député de la Creuse à l'Assemblée législative, et ensuite à la Convention où il vota la mort du

parent du député de ce nom, avait obtenu le titre d'imprimeur du Département. L'une des premières pièces sorties de ses presses paraît être l'Arrêté de l'administration du Département de la Creuse, de celle du District et du Corps municipal de Guéret réunis, séance publique du 13 mai 1793, relatif à l'exécution d'un arrêté du Comité de Salut Public formé près le Département de la Creuse. Peu de temps après Guyès prit le titre d'« Imprimeur du Département de la Creuse et du Tribunal criminel (décret de la Convention du 26 mai 1793). A partir du commencement de l'an V, Guyès ne put plus que le titre d' « Imprimeur du Département de la Creuse, » qu'il continua de mettre au bas de ses impressions jusqu'en l'an VIII. Les Préfectures ayant été alors établies, Guyès devint imprimeur de la Préfecture et conserva ce privilège jusque vers le milieu de l'an XI. A cette époque ce privilège passa à MM. Fauchier, Gadon et associé, et l'imprimerie de Guyès ne tarda pas à cesser de fonctionner.

Pierre Betoulle, originaire de Limoges, paraît avoir acheté vers 1806 le matériel de l'imprimerie Guyès. Cependant nous ne possédons aucune publication sortie de cette maison antérieure à 1807. A cette date, Pierre Betoulle prenait le titre d'imprimeur de la Mairie et de l'administration des Eaux et Forêts.

Pierre Betoulle fut le fondateur du journal du *Département de la Creuse* et du *Mémorial administratif du département de la Creuse*. C'est de ses presses que sont sortis les ouvrages les plus importants qui aient été publiés à Guéret : l'*Histoire de la Marche*, (2 vol. in-8°), le *Dictionnaire raisonné de la manutention des employés de l'enregistrement et des domaines* (4 vol. in-8°), le *Dictionnaire complet de tous les lieux de France* (3 vol. in-8°).

La mort prématurée de Pierre Betoulle, décédé le 2 avril 1825, compromit gravement la prospérité de sa maison. Sa veuve, Jeanne Brioude, ne put obtenir son brevet que plus d'un an plus tard, (le 10 octobre 1826.) Dans l'intervalle un délit bien peu grave, au-

croit sans restriction (V. *Archives révolutionnaires de la Creuse*, p. 391). Après la session, il fut employé en qualité de commissaire du Directoire.

quel l'administration attacha une importance exagérée, l'omission du dépôt légal d'une de ces publications populaires, pour lesquelles cette formalité pouvait n'être pas indispensable, était venue retarder la délivrance du brevet sollicité par Mme Veuve Betoulle. A cette époque, la profession d'imprimeur, ne s'exerçant qu'en vertu d'un privilège et étant en quelque sorte assimilée à une fonction publique, était soumise à une surveillance rigoureuse. Ainsi à la date du 11 juillet 1814, Royer-Collard, directeur général de la librairie faisait connaître au préfet de la Creuse qu'il n'avait pas de « notions suffisantes sur les *principes* et sur l'ensemble de la conduite publique et privée de chaque imprimeur » et qu'il désirait être renseigné sur ce point d'une manière positive et circonstanciée. Le 16 janvier 1822, le directeur général de la police signalait au préfet « un ouvrage sorti des presses du sieur Betoulle, imprimeur à Guéret ayant pour titre : *Poésies de M. Bonnet aîné.* » Quoique mis dans le commerce, cet ouvrage n'avait pas été envoyé au Ministère de l'intérieur. Le Préfet fut invité à rappeler à l'imprimeur les obligations imposées par la loi et à exiger la remise des cinq exemplaires qu'il n'avait pas déposés.

Le délit de presse reproché à Mme v^e Betoulle, sans être autrement grave, donna lieu à une lettre adressée à Barret des Cheises, procureur du Roi à Guéret, par le procureur général. L'incriminé était intitulé : *Ecrit véritable, remarquable et surprenant* accompagné d'un *Portrait de Jésus Christ.* Mandée dans le cabinet du procureur du Roi pour lui fournir les explications qui lui étaient demandées, Mme v^e Betoulle donna l'assurance à ce magistrat que l'impression de l'écrit en question n'avait eu lieu que d'après l'autorisation écrite de M. Polier, adjoint au maire de Guéret, comme elle le prouva par la représentation d'un exemplaire revêtu de la signature de cet officier municipal. Quant à la formalité du dépôt d'un certain nombre d'exemplaires, au secrétariat de la préfecture, Mme Betoulle reconnut qu'elle n'avait pas été remplie, mais elle assura en même temps « que, d'après les informations qu'elle avait prises, jamais le dépôt d'aucun écrit de ce genre n'avait été, ni fait, ni exigé. En transmettant ces renseignements à M. le baron Finot, préfet de la Creuse, le procureur du Roi faisait remarquer qu'au moment où avait eu lieu l'impression de ce petit écrit, Mme Betoulle venait de perdre son mari ; elle se trouvait hors d'état de donner à ses propres affaires l'attention qu'elles exigeaient.

Le préfet fut satisfait de ces explications. « Le récit du prétendu miracle, dit-il, et le cantique qui le suit sont certainement fort ridicules, mais ils n'offrent rien de réellement répréhensible aux yeux de la loi. L'article qui suit, intitulé *Portrait de Jésus-Christ*, est tiré du livre intitulé *Journée du Chrétien*, et sa publication, *ajoutant aux preuves* de notre religion est à la fois louable et utile. Cette dernière circonstance exclut toute idée que l'auteur de l'imprimé ait voulu tourner en dérision les choses que la religion nous ordonne de respecter... D'un autre côté, M. Polier se justifie d'avoir accordé cette autorisation en produisant l'exemplaire ci-joint imprimé à Saintes, chez le sieur Hus. Il n'a pas cru qu'il pût y avoir rien de répréhensible dans un écrit déjà imprimé, colporté et chanté sans opposition depuis Saintes jusqu'à Guéret. »

Le 27 août 1833, Martial-Pierre Betoulle, fils unique de Mme veuve Betoulle, démissionnaire en sa faveur, fut pourvu du brevet d'imprimeur. Indépendamment des renseignements excellents fournis par le maire de Guéret, le Ministre de l'intérieur voulut avoir l'opinion particulière du Préfet sur ce jeune homme. Le Préfet dut déclarer que M. Betoulle fils « n'avait pas été entièrement sans reproche dans les temps qui auraient suivi la Révolution de Juillet. Il y a eu lieu, dit-il, de le considérer comme appartenant à l'opinion républicaine ; mais depuis un an au moins, il semble tout à fait revenu à des idées plus sages et tout récemment, à l'occasion des projets de désordre et de charivari qui avaient été médités, sa conduite a été très bonne, et il a professé des principes tout à fait convenables. »

En 1848, M. Betoulle fut nommé vice-président de la Société démocratique qui s'était constituée à Guéret, dès le lendemain de la Révolution de février, sous la présidence de M. Goumet, notaire. Nommé capitaine de la garde nationale, sa conduite pendant l'émeute qui ensanglanta un des faubourgs de Guéret, le 15 juin 1848, fut des plus patriotiques et des plus courageuses ; il ne craignit pas d'exposer sa vie. Proposé pour la députation à l'assemblée électorale de Guéret, il avait décliné par modestie le mandat qui lui était offert et qu'il eût été capable de remplir.

Pierre-Martial Betoulle avait fondé en 1830 le journal l'*Echo de la Creuse*. Il mourut le 24 juillet 1851. Son brevet passa à sa veuve, née Sylvie Lagoutte, décédée le 14 avril 1898. Son gendre M. Cornillon a depuis longtemps la direction de la maison et du journal.

Les autres imprimeurs ou journaux qui existent ou ont existé appartiennent à l'histoire contemporaine.

V

L'initiative de la fondation d'une imprimerie à Aubusson est due à Pierre Betoulle. Le 17 novembre 1819, cet imprimeur adressa au Ministre de l'intérieur, par l'intermédiaire de la préfecture, une demande pour être autorisé à transporter à Aubusson une partie de son imprimerie. M. Villemain, directeur de la quatrième division au Ministère de l'Intérieur, répondit au Préfet que les titres d'imprimeur ne se divisant pas et nul imprimeur ne pouvant exercer son état que dans la ville pour laquelle il est breveté, il était impossible d'accorder au sieur Betoulle la faveur qu'il sollicitait. « Si l'établissement d'une imprimerie à Aubusson est reconnu nécessaire, dit M. Villemain, je suis disposé à l'autoriser ; mais le sieur Betoulle ne peut espérer d'en obtenir le privilège que dans le cas où il se déciderait à quitter Guéret. »

Les avantages évidents, que présentait l'établissement d'une imprimerie dans un centre aussi important qu'Aubusson, suggérèrent à un sieur Leroux, imprimeur libraire dans le département de la Mayenne à transporter son imprimerie à Aubusson. Consulté sur l'opportunité de l'établissement projeté par le sieur Leroux, M. Grellet, président de la Chambre des notaires de l'arrondissement, répondit que l'établissement d'une imprimerie à Aubusson lui paraissait utile et même nécessaire. M. Lefaure, conseiller général, faisant fonctions de sous-préfet par intérim appuya chaudement le même projet.

« En vous intéressant, Monsieur le Préfet, comme j'en ai l'assurance, à cet établissement, dit M. Lefaure, vous faciliterez les moyens de propager les lumières et l'industrie dans votre département, et à ce précieux avantage il s'en rencontrera un autre bien intéressant pour l'humanité, celui d'y voir aussi fixer une école de sourds-muets que se propose de professer l'épouse du sieur Leroux, comme elle le fait actuellement dans le département de la Mayenne. »

Sur ces entrefaites M. Leroux, ayant appris que Pierre Betoulle continuait à solliciter le brevet d'imprimeur à Aubusson non plus en son nom, mais au nom de son frère, et que le préfet était entièrement disposé à favoriser cette demande, avait renoncé au projet de venir se fixer dans la Creuse et était allé se fixer à Rambouillet. A la date du 20 octobre 1821, un brevet d'imprimeur fut délivré à M. Betoulle jeune. M. Mounier, directeur général de l'administration départementale, dans la lettre qui accompagne ces brevets, dit qu'il se plaît à croire que le nouveau breveté en formant sa demande n'avait pas seulement été guidé par le désir d'éloigner un concurrent. M. Mounier invite en même temps le Préfet à veiller à ce que le titulaire ne soit pas un imprimeur de nom, mais de fait, qu'il possède à Aubusson une imprimerie composée au moins de deux presses et d'un assortiment convenable de caractères, et à ce qu'enfin son établissement soit tout à fait distinct de celui que dirige son frère à la résidence de Guéret.

M. Betoulle, étant mort en 1823, Léonard-Sylvain Bouyet, son gendre, fut pourvu de son double brevet le 5 novembre 1823. L.-S. Bouyet, qui avait été imprimeur-gérant du *Mémorial de la Creuse*, journal politique et de la *Feuille d'Annonces* de l'arrondissement d'Aubusson, mourut en 1846, à l'âge de quarante-neuf ans. Son brevet d'imprimeur et celui de libraire furent transférés à Madame veuve Bouyet, née Betoulle, par décision ministérielle du 22 janvier 1847. Pierre-Amédée-Alphonse Bouyet obtint, à la date du 17 avril 1852, le brevet d'imprimeur; mais le brevet de libraire dont sa mère était titulaire fut transmis à Jeanne-Ida Bouyet, sa sœur. Alphonse Bouyet est mort le 31 décembre 1874. Son imprimerie appartient actuellement à sa veuve.

Pierre Langlade, dessinateur de quelque mérite, auteur d'un *Dictionnaire géographique* du département de la Creuse, éditeur de *l'Album historique et pittoresque de la Creuse*, avait obtenu, à la date du 18 décembre 1841, un brevet d'imprimeur-lithographe à la résidence d'Aubusson. Le 5 mai 1843, Pierre Langlade fut, en outre, pourvu d'un brevet de libraire.

A l'époque de la révolution de 1848, plusieurs demandes de brevet d'imprimerie furent adressées au Ministre de l'intérieur par MM. Magniadas, Montalescot et Raynaud ; mais ces demandes ne furent pas accueillies, la maison Bouyet paraissant amplement à même de fournir toutes les impressions nécessaires à l'arrondissement d'Aubusson.

Quand à Pierre Langlade, son imprimerie lithographique ne paraît pas avoir eu de succès. Au mois d'août 1856, il se démit même de son brevet d'imprimeur-lithographe en faveur de M. Alphonse Bouyet qui, le 12 septembre 1856, fut autorisé à annexer une imprimerie-lithographique à son imprimerie.

VI

Il y a seulement cinquante ans, comme on le voit par une lettre du sous-préfet de Bourganeuf en date du 1er mars 1827, il n'existait dans tout l'arrondissement de Bourganeuf ni un seul cabinet de lecture, ni une librairie. La création d'une imprimerie à Bourganeuf date de 1834. Le 13 septembre de cette année, Jean-Baptiste Ducher (1) avait obtenu un brevet d'imprimeur. En 1834, il fonda le journal le *Chercheur*.

A la date du 5 mai 1852, il vendit à Jean-Baptiste-Jacques-Jules

(1) Né le 15 octobre 1787, mort en 1858.

Bonnet le fonds de son imprimerie. Peu de temps après, le 21 juin suivant, J.-B. Ducher se faisait pourvoir d'un brevet de libraire.

A l'occasion de cette vente, il eut à soutenir un long procès contre son successeur qui fut mis en quelque sorte dans la nécessité de se démettre de son brevet, en faveur de Martial Buisson, professeur à l'institution Couthier, à Bourganeuf. La date de la délivrance du brevet de ce dernier est du 12 novembre 1855. Démissionnaire, à son tour, en faveur de François-Prosper Huguet, il fit transférer son brevet à celui-ci par décision ministérielle du 1er avril 1859.

Le 12 janvier 1854, M. J. Dumont était nommé imprimeur à la place de F.-P. Huguet. Depuis cette époque, l'imprimerie de Bourganeuf est toujours exploitée par M. Dumont.

La ville de Chambon, siège d'un tribunal de première instance, qui a pour ressort l'arrondissement de Boussac, est la quatrième ville du département qui ait été pourvue d'une imprimerie. Le 20 avril 1837, François-Joseph-Henri Farré (1), imprimeur en lettres, en lithographie et libraire à Beaugé (Maine-et-Loire), adressait au Préfet de la Creuse et au Ministre de l'Intérieur une demande pour obtenir le transfert de ses brevets à la résidence de Chambon. L'un des motifs qui l'avaient engagé à solliciter ce changement, était le désir de se rapprocher de son frère, imprimeur à Saint-Amand (Cher).

Le sous-préfet de Boussac, consulté à ce sujet, répondit qu'il doutait qu'une imprimerie pût prospérer à Boussac, mais qu'il ne pensait pas qu'un établissement de ce genre pût présenter le moindre inconvénient. Les autorités locales de Chambon applaudirent vivement à ce projet. Mais par suite des lenteurs habituelles de la bureaucratie, M. Farré ne put obtenir ses brevets que le 10 mai 1838.

M. Farré se démit de son brevet, dix ans après, au profit de Jean-

(1) Né le 22 juin 1797.

Baptiste-Alexandre Magistry (1), qui fut pourvu des brevets d'imprimeur, de lithographie et de librairie, le 6 février 1847.

A la date du 23 juin 1857, les trois brevets d'imprimeur, de lithographe et de libraire, à la résidence Chambon furent délivrés à Pierre-Paulin Rousselot qui exploite encore aujourd'hui cette imprimerie.

L'imprimerie, qui vient en dernier lieu, dans l'ordre chronologique parmi celles du département, est celle précisément qui a joui de la plus grande célébrité et d'où sont sorties les publications les plus remarquables. Cette imprimerie avait été créée par Pierre Leroux.

Boussac, éloigné de tout centre important, ne semblait guère prédestiné à devenir le siège d'un établissement typographique considérable. Au commencement de 1827, comme on le voit par une lettre de Joullieton, sous-préfet de Boussac, on ne comptait pas dans tout l'arrondissement une seule librairie.

L'amitié de George Sand et le voisinage de Nohant furent sans doute les motifs qui déterminèrent Pierre Leroux à venir se fixer à Boussac. A la date du 3 avril 1843, Pierre-Henri Leroux avait obtenu un brevet pour un système de nouvelle typographie dont les procédés sont exposés dans la *Description des machines et procédés consignés dans les brevets d'invention* T. XC, année 1859.

L'établissement fondé à Boussac par Pierre Leroux est évidemment le chapitre le plus curieux de l'histoire de l'imprimerie dans la Creuse. Ce chapitre est à faire. Il a même d'autant plus d'opportunité qu'il est question en ce moment d'élever à Boussac un monument à Pierre Leroux. Il est permis assurément de ne pas partager les idées philosophiques et les théories socialistes préconisées par l'ami de George Sand. Mais l'établissement typographique ou si l'on veut le phalanstère de Boussac mérite d'être étudié, dans un article à part, qui peut-être ne serait pas absolument à sa place dans les *Mémoires de la Société des Sciences naturelles et archéologiques de la Creuse*. Les éléments d'ailleurs, d'une semblable étude, nous font

(1). Né à Eyaux le 31 mai 1803.

en ce moment défaut. Je suis même obligé de rappeler aux membres de cette Société en réclamant leur indulgence, que le présent travail a été écrit à Guéret il y a plus de vingt ans et qu'au moment de le mettre au jour je n'ai plus sous la main les documents dont j'aurais pu me servir pour le rendre moins imparfait.

Alençon, le 23 Juin 1898.

Louis DUVAL,
Archiviste de l'Orne,
Ancien Archiviste de la Creuse.

NOTES SUR LES AUTEURS

Mentionnés dans l'Inventaire de M. de Myomandre, en 1641

MATTIOLI (Pierre-Étienne), né à Sienne en 1501. Son principal ouvrage est un commentaire sur Dioscoride.

CHEMPLAIN (Samuel), né à Brouage, vers 1570, voyageur célèbre.

GUIDO UBALDI (le marquis), né à Urbin vers 1540, mort en 1601, auteur de *Mechanicorum libri VI,* 1577.

JEAN ERARD, né à Bar-le-Duc, mort en 1620, auteur de *La Fortification démontrée,* 1594 in-4°, 1604, in-folio.

PHILIBERT DE LORME, né à Lyon vers 1518, mort en 1577, à laissé dix livres d'architecture, imprimés en 1568.

JACQUES ANDROUET DU CERCEAU, né à Paris, vers 1515.

JACQUES BESSON, né à Grenoble en 1568, auteur de *Theatrum instrumentorum et machinarum,* Lyon 1578, in-folio.

JEAN-ANTOINE MAGINI, né à Padoue en 1556, publia entre autres des éphémérides.

ANTOINE DE PLUVINEL, né à Crest (Drôme), mort à Paris en 1620, auteur du *Manège royal*, 1623, et de l'*Instruction du Roy en l'exercice de monter à cheval*, 1630.

SALOMON DE CAUS, né en 1576, mort en 1633, auteur de *La Perspective, avec la raison des ombres et miroirs*, 1612, in-folio.

SAMUEL MAROLOIS, géomètre de la première moitié du XVIIe siècle, auteur de *Ars perspectiva quæ continet theoriam et practicam ejusdem, Hagæ Comitum*, 1615, in-4°.

BASSANTIN, né vers 1504, en Ecosse, mort en 1568, auteur de divers traités de mathématiques, de l'usage de l'astrolabe, de la sphère, etc.

GUÉRET — Imprimerie AMIAULT, Place d'Armes

www.ingramcontent.com/pod-product-compliance
Lightning Source LLC
Chambersburg PA
CBHW060902050426
42453CB00010B/1542